AF219100

Grübeln stoppen, innere Blockaden lösen & mehr Selbstbewusstsein

Wie Sie Schritt für Schritt
negative Gedanken loswerden, Ihre
Ängste überwinden und
innere Ruhe & Glück finden

Amelie Ruhe

☃ INHALT

Das erwartet Sie in diesem Buch

Wie blicken Sie auf die Welt? Sind Sie jemand, der das Glas eher als *halb voll* oder als *halb leer* betrachtet? Neigen Sie dazu, zu grübeln oder verlieren Sie sich schnell in negativen Gedanken? Haben Sie das Gefühl, dass sich dies allmählich auf Ihre Lebensqualität auswirkt und möchten Sie wissen, wie Sie damit aufhören können?

Dann ist dieser Ratgeber genau das Richtige für Sie! Neben einer Sensibilisierung für die beeindruckende Leistung, die Ihr Gehirn tagtäglich erbringt, werden Sie in diesem Ratgeber erfahren, woher Ihre Neigung zu Grübeleien und negativen Denkstrukturen stammt und wodurch diese begünstigt werden. Darüber hinaus werden Sie erfahren, wie Sie Ihr negatives Gedankenkorsett Stück für Stück auflösen können.

Den Schwerpunkt dieses Buches stellt ein ausführlicher Praxisteil dar. In diesem wird Ihnen eine 10-Schritte-Anleitung an die Hand gegeben, mit deren Hilfe Sie Ihr Grübelkarussell für immer hinter sich zu lassen können. So werden Sie unter anderem verstehen, dass es einen Unterschied macht, ob Sie Ihre Gedanken denken oder sich für diese halten. Sie werden sich aneignen können, bewusste Denkpausen zu nehmen. Sie werden lernen, was Glaubenssätze und Innere Kritiker sind und welchen Einfluss diese auf Ihre Art zu denken haben. Und zu guter Letzt werden Sie sich Wissen und Techniken aneignen, mit denen Sie im Stande sind, Ihre Art zu denken tiefgreifend zu verändern.

Die dargestellten Ansätze und Übungen basieren auf aktuellen wissenschaftlichen Methoden und Erkenntnissen. Jede Übung wird Ihnen zu einer ganz persönlichen Erfahrung und überraschenden

Erkenntnis verhelfen. Auf diese Weise eröffnet sich ein stufenweiser Prozess, in dem Sie Ihren negativen Denkmustern spielerisch und selbstgesteuert den Gar ausmachen können.

Dieser Ratgeber überzeugt durch fundiertes Hintergrundwissen, eine ausgeprägte Praxisnähe, sofortige Umsetzbarkeit und garantierten persönlichen Erkenntnisgewinn.

In diesem Sinne wünsche ich Ihnen viel Spaß beim Eintauchen in Ihre Gedankenwelt und dem schrittweisen Verlassen Ihres persönlichen Grübelkarussells.

Ich denke, also bin ich

Wussten Sie eigentlich, wie viel Zeit des Tages unser Gehirn damit beschäftigt ist, innere Selbstgespräche zu führen? Einer aktuellen Studie von Forschern der Queens-University in Kingston zu Folge, denkt jeder Mensch im Durchschnitt 6200 Gedanken am Tag.[1] Das ist doch eine ganze Menge. Sie werden das kennen: Angefangen vom Durchgehen der Einkaufsliste bis hin zur gedanklichen Vorbereitung auf das wichtige Gespräch mit dem Chef – im Prinzip sind wir unse-

---

[1] http://www.deutschlandfunknova.de: „Messen wo Gedanken anfangen und enden", ein Interview mit dem Neurowissenschaftler Henning Beck, Juli 2020

ren gesamten Alltag über damit beschäftigt, über irgendetwas nachzudenken.

Aber warum denken wir eigentlich so viel? Schauen wir uns mal an, wie das Lexikon für Psychologie und Pädagogik „Denken" definiert:

„Denken als mentale Aktivität kann in Zusammenhang gebracht werden mit Informationsverarbeitung, Erkenntnisgewinnung und Problemlösung, wobei der Problemlösung große Bedeutung zukommt. Jeder Mensch kann denken, wobei die Fähigkeiten je nach Person unterschiedlich ausgeprägt sein können."[2]

Wir sehen also: Unser Gehirn unterstützt uns durch Denkprozesse dabei, Informationen zu verarbeiten, neue Ideen zu entwickeln und Probleme zu lösen. Dazu müssen Sie bedenken, dass wir alle tagtäglich Millionen Reizen ausgesetzt sind, die wir in unser System einordnen müssen. Damit verbunden sind wir alle permanent unterschiedlichsten Situationen ausgesetzt, die eine Reaktion oder unser Handeln

---

[2] https://lexikon.stangl.eu/2848/denken/: „Begriffsdefinition, Denken", Online Lexikon für Psychologie und Pädagogik, Stangl, W., 2020

erfordern. Lassen Sie es mich anders ausdrücken:

Sie stehen an einer Ampel, sehen, dass diese rot ist und bleiben stehen. Nebenbei realisieren Sie vielleicht, dass Sie heute spät dran sind und Ihren Bus eventuell verpassen werden. Sobald die Ampel auf Grün schaltet, werden Sie also dafür sorgen, Ihr Tempo zu beschleunigen und den Bus dadurch bekommen zu können.

Diese banale Alltagssituation macht vielleicht deutlich, was Ihr Gehirn da eigentlich den ganzen Tag tut. Es verarbeitet Reize aus dem Außen, sortiert diese entsprechend Ihres inneren Systems, wird aufmerksam auf mögliche Probleme und sorgt dafür, eine Lösung für diese zu finden.

Ziemlich beeindruckend, oder?

Soweit, so gut. Nun haben Sie sich vermutlich für das Lesen dieses Ratgebers entschieden, weil Ihre Denkprozesse Sie nicht besonders beeindrucken, sondern sich eher störend und belastend auf Ihr Alltagsleben auswirken. Vielleicht kommt Ihnen bekannt vor, dass Sie in oben beschriebener Situation zu Gedanken neigen wie: *„Den Bus bekomme ich doch eh nicht mehr.", „Warum muss ich immer zu* *spät kommen?", "Wieso sind immer alle Ampeln rot?"*

Oder neigen Sie vielleicht grundsätzlich zum Grübeln und fällt es Ihnen schwer, sich für positive Erlebnisse und Erfahrungen zu öffnen? Nun, damit sind Sie nicht allein. Es gibt jedoch eine gute Nachricht – genau genommen sogar zwei:

❖ Die erste gute Nachricht ist: Sie haben erkannt, dass Sie dazu neigen, negativ zu denken.

❖ Die zweite gute Nachricht ist: Sie können dies verändern.

Dieser Ratgeber kann Sie dabei unterstützen, schrittweise einen Weg aus Ihrem Grübelkarussell zu finden. In einem ersten Schritt ist es dafür wichtig zu verstehen, woher Ihre negativen Gedankenstrukturen überhaupt kommen.

Ursachen negativer Denkstrukturen

INNERE GLAUBENSSÄTZE – GLAUBEN SIE NICHT ALLES, WAS SIE DENKEN

Jeder Mensch wird auf seinem Entwicklungsweg vom Kind zum Erwachsenen von mehreren Bezugspersonen begleitet und geprägt. Das ist im Regelfall die Kernfamilie, bestehend aus Mutter, Vater, Geschwistern, Großeltern. Wichtig sind aber auch Erzieher, Lehrer, Freunde, Mitschüler und so weiter. Je nach Beziehung und Bedeutung haben diese Bezugspersonen mehr oder weniger starken Einfluss auf die Persönlichkeitsentwicklung eines heranwachsenenden Menschen. So erwirbt er durch diese ein Wissen über allgemeingültige gesellschaftliche Werte und Normen wie z.B.

- Hilfsbereitschaft
- Pünktlichkeit
- Höflichkeit
- Selbstverwirklichung
- ...

(Sicher können Sie diese Liste problemlos fortführen, wenn Sie sich einmal fragen, welche Werte Sie als wichtig erachten.)

Darüber hinaus erhält ein Kind während seines Aufwachsens auch ununterbrochen sehr individuelle und subjektive Eindrücke und Botschaften aus seinem Umfeld. Diese können sowohl verbal als auch nonverbal ausgedrückt werden. Zum Beispiel kann ein Kind die Erfahrung machen, für eine schlechte Schulnote direkt von der Mutter bestraft zu werden. Es kann aber genauso möglich sein, dass ein Kind im Gesicht seiner Mutter Ärger liest, wenn es eine schlechte Note mit nach Hause bringt, ohne dass die Mutter ihren Ärger dem Kind gegenüber direkt ausdrückt.

Aus diesem hochkomplexen Prozess des ständigen

Austausches zwischen einem heranwachsenden Menschen und seinen Bezugspersonen leitet dieser schließlich seine ganz persönlichen Annahmen ab

➢ über sich selbst

➢ über seine Bezugspersonen

➢ über die Art der Beziehung zu seinen Bezugspersonen und

➢ ganz allgemein über seine individuelle Bedeutung innerhalb der ihn umgebenden Welt.

In der Fachsprache wird dieser Prozess ***Sozialisation*** genannt. Die bewusste Vermittlung von Werten und Normen an ein Kind kennen wir schlicht und einfach als ***Erziehung***.

Aus all diesen Erfahrungen und Eindrücken entwickelt nun jeder Mensch sein individuelles Wertesystem. Dieses enthält u.a. Annahmen darüber

➢ was für ein Mensch man selbst ist.

➢ wie man in der Gesellschaft zu sein hat.

➢ was „gutes" und was „schlechtes" Verhalten ist.

➢ wie Beziehungen funktionieren.

➢ ...

Diese Annahmen bezeichnet man als **Glaubenssätze**.

Sie erkennen Glaubenssätze daran, dass sie so oder ähnlich beginnen:

„Ich bin…", „Ich kann (nicht)…", „Man sollte…", „Man muss…"

Einige Beispiele für Glaubenssätze sind:

❖ „Ich bin klug."

❖ „Ich darf sein, wie ich bin."

❖ „Man muss sich anstrengen im Leben."

❖ „Ich bin faul."

❖ „Ich gehöre nicht dazu."

❖ „Ich muss für andere da sein."

❖ …

Vorsicht: Der Begriff „*Glaubenssatz*" macht bereits deutlich, womit Sie es hier zu tun haben.

Es handelt sich um Sätze, an die wir <u>glauben</u>, die wir für „die Wahrheit" halten. Das bedeutet jedoch nicht automatisch, dass Sie auch „wahr" sind.

Um das noch mal zusammenzufassen: Als Kinder lernen wir durch Rückmeldungen und Reaktionen unserer Bezugspersonen, wer wir sind und wie die Welt um uns herum ist. Daraus leiten wir Annahmen über uns und die Welt ab, die uns auch in unserem zukünftigen Leben als Basis dienen. Darauf aufbauend entwickeln sich unsere Gedanken, Handlungen und die Art und Weise, wie wir unser Leben ausgestalten.

Problematisch ist es, wenn wir aus irgendwelchen Gründen, eine Vielzahl negativer Glaubenssätze verinnerlicht haben. So stimmen Sie mir sicher zu, dass jemand, der in seiner Kindheit überwiegend die Erfahrung machen konnte, ein wertvoller Mensch zu sein, anders über sich nachdenkt, als jemand, der oft die Erfahrung gemacht hat, „nicht richtig zu sein".

An dieser Stelle sei auch gesagt, dass viele von uns leider eine Vielzahl negativer Glaubenssätze verinnerlicht haben. Denn Erziehung funktioniert leider auf diese Weise. In der Familie, in der Schule, im Freundeskreis lernen wir, was „erwünschtes Verhalten" und was „unerwünschtes Verhalten" ist. „Erwünschtes Verhalten" wird belohnt, „unerwünschtes Verhalten" wird bestraft. Daraus leiten wir ab, was „richtig" und „falsch", „gut" oder „schlecht" ist. Je nachdem, wie Sie aufgewachsen sind, können Sie Ihre Bezugspersonen also nur bedingt Ihre Glaubenssätze verantwortlich machen. Ihre erworbenen Glaubenssätze sind eingebettet in die Werte und Normen des Gesellschaftssystems, in dem wir leben. Und wir haben es mit einer „Leistungsgesellschaft" zu tun.

Problematisch ist weiterhin, dass diese Glaubenssätze meist so tief in uns verborgen sind, dass sie uns gar nicht bewusst sind. Unser Denken und Handeln läuft – da geben Sie mir vielleicht Recht – so automatisiert ab, dass uns die zu Grunde liegenden, weit in unsere Kindheit hinein reichenden Ursprungsannahmen über uns selbst, oft gar nicht bewusst sind.

Wenn Sie also an sich eine Tendenz beobachten, häufig negativ über sich selbst oder Ihr Leben nachzudenken, kann es sehr aufschlussreich sein, sich auf die Suche nach Ihren **Inneren Glaubenssätzen** zu machen. Einige Ideen, wie Sie diesen auf die Schliche kommen können, erhalten Sie im Praxisteil dieses Ratgebers.

Sobald Sie es geschafft haben, Ihre **Inneren Glaubenssätze** an die Oberfläche zu bringen, eröffnet sich Ihnen eine große Chance im Durchbruch Ihrer negativen Gedankenmuster:

Glaubenssätze sind veränderbar. Ihre Sicht auf die Welt somit auch.

EXKURS: DER INNERE KRITIKER

Die Psychologie der Gegenwart arbeitet gern mit Modellen, mithilfe derer komplexe Prozesse anschaulich dargestellt werden können. Ein Modell, das die Arbeit mit Ihren negativen Gedankenstrukturen erheblich nach vorne katapultieren kann, ist das des **Inneren Kritikers**.

Stellen Sie sich dazu vor, dass Sie eine innere Figur in sich tragen, die Sie permanent kritisiert. Sie nehmen Sie in Form einer inneren Stimme wahr, die sich regelmäßig zu Wort melden, um ihren Senf dazu zu geben. Stellen Sie sich vor, dass diese innere Stimme ein Teil von Ihnen ist, nämlich Ihr **Innerer Kritiker**.

Der **Innere Kritiker** steht in engem Kontakt mit Ihren individuellen **Glaubenssätzen** und ist immer dann am Werk, wenn Sie an sich zweifeln, sich etwas nicht zutrauen oder sich selbst abwerten. Sie können ihn meist sehr gut an einem strengen Wortlaut erkennen, der darauf abzielt, Sie in irgendeiner Form zu degradieren. Kommen Ihnen solche Gedanken im Rahmen Ihrer inneren Selbstgespräche bekannt vor?

- ❖ „Das schaffst du sowieso nicht!"
- ❖ „Das nächste Mal musst du besser sein."
- ❖ „Keiner mag dich!"
- ❖ „Du bist zu dick/ zu alt/ zu hässlich!"
- ❖ „Die anderen werden dich auslachen!"
- ❖ „Wie kann man nur so blöd sein wie du?"

Das ist Ihr **Innerer Kritiker**! Wenn Sie ihn identifizieren können, haben Sie schon viel gewonnen, denn: Er ist die Wurzel allen Grübel-Übels.

Aber Vorsicht: Wenn Sie jetzt denken *„Aha, der böse Innere Kritiker kann was erleben, wenn ich den erst mal identifiziert habe."*, dann muss ich Ihnen sagen, dass das nicht funktionieren wird. Sie werden diese innere Stimme nicht bekämpfen und in die Flucht schlagen können! Dieser Versuch wird Sie vermutlich einiges an Energie kosten, also lassen Sie es lieber gleich. Besser ist es, den **Inneren Kritiker** kennenzulernen und einen Weg zu finden, sich mit ihm zu arrangieren. Eine Anleitung dazu finden Sie im Praxisteil dieses Ratgebers.

Wieso Sie das überhaupt tun sollten, fragen Sie jetzt?! Nun, dazu ist es hilfreich, zu verstehen, warum es den **Inneren Kritiker** in Ihnen gibt.

Sie können sich sicherlich an verschiedene bedeutsame Personen aus Ihrer Kindheit erinnern. Vielleicht hatten Sie strenge Eltern, aber dafür eine große Schwester, der Sie sich stets anvertrauen konnten?! Vielleicht können Sie sich noch an Ihre Lieblingslehrerin erinnern, die Sie in Ihren Stärken gesehen hat und sie ermutigt hat? Oder Sie haben die Erfahrung gemacht, von Mitschülern gehänselt worden und ausgeschlossen zu sein? Vielleicht sind Sie auch mit einer Mutter aufgewachsen, die Ihnen gegenüber grundsätzlich sehr zugewandt, aber in Bezug auf ein bestimmtes Thema sehr streng war (z.B. gute schulische Leistungen).

Als Kind – so haben Sie bereits erfahren – haben all Ihre Erfahrungen, Erlebnisse und der Austausch mit Ihren Bezugspersonen dazu beigetragen, Ihr Weltbild zu prägen. Nun sind wir als Kinder aus einem bestimmten Grund so empfänglich für die Werte und Normen unserer Bezugspersonen: Kinder sind auf die Zuwendung Ihrer Bezugspersonen angewiesen.

In verschiedenen Studien in Waisenheimen konnte nachgewiesen werden, dass Kinder neben der reinen Versorgung mit Essen und Trinken eine fürsorgliche Zuwendung benötigen, um zu überleben.

Das ist der Grund, warum sich die in Ihrer Kindheit geltenden Werte und Normen so tief in Ihr Inneres eingebrannt haben: In Ihrem kindlichen Interesse, die Zuwendung Ihrer Bezugspersonen nicht zu verlieren, war es überaus wichtig, die Forderungen und Normen an Ihre Person nicht nur zu kennen, sondern auch automatisch ausführen zu können.

Kinder sind sehr empfindsame Wesen – wenn Sie selbst Kinder haben, werden Sie das wissen. Ablehnungen oder Situationen, in denen Kinder etwas „nicht richtig" gemacht haben, werden sie sich sehr gut einprägen. Beim nächsten Mal werden sie darauf achten, es anders zu machen. Kinder haben in erster Linie ein Ziel: Sie wollen von ihren Bezugspersonen gesehen werden, sie wollen gelobt und geliebt werden.

Wenn ein Kind jetzt zum Beispiel die Erfahrung macht, dass sich seine Mutter von ihm abwendet, sobald es wütend ist, wird es daraus folgende

Schlussfolgerung ableiten: „Mama mag es nicht, wenn ich wütend bin. Mama mag <u>mich</u> nicht, wenn ich wütend bin." In der Folge wird es sich angewöhnen, seiner Mutter gegenüber keine Wutgefühle mehr auszudrücken. Dies könnte die Basis für den Glaubenssatz sein.

„Ich werde nicht geliebt, wenn ich wütend bin."

Als Erwachsener neigt ein Mensch mit diesem Glaubenssatz vielleicht dann dazu, Wut in nahen Beziehungen zu unterdrücken oder sich selbst abzuwerten, wenn ihn etwas wütend macht.

Was hat das jetzt alles mit Ihrem **Inneren Kritiker** zu tun?

Nun, diesen können Sie sich als innere Sammelstelle vorstellen für all Ihr Wissen, Ihre Erfahrungen und Erlebnisse im Zusammenhang mit ***<u>„Tu das nicht!"</u>***.

Der **Innerer Kritiker** ist Ihr innerer Radar, der Sie daran erinnert, wenn Sie Gefahr laufen, gegen verinnerlichte Regeln oder Werte zu verstoßen. Er nimmt seine Aufgabe sehr ernst und fällt bisweilen durch seine Strenge und einen rauen Ton auf. Wenn Sie sich von ihm eingeschüchtert fühlen, hat er sein Ziel erreicht. Denn aus seiner Perspektive ist es gerechtfertigt, Sie erheblich zu maßregeln, wenn Sie Gefahrlaufen, eine innere Grenze zu überschreiten. Aus seiner Perspektive ist die Situation dann hochbedrohlich, es besteht sozusagen Lebensgefahr!

Erinnern Sie sich aber daran, aus welcher Zeit Ihr **Innerer Kritiker** stammt. Aus Ihrer Kindheit, in der Ihr Leben tatsächlich von Ihren Bezugspersonen abhing und davon, dass Sie Ihr Verhalten an deren Vorstellungen und Normen anpassten. Ihr **Innerer Kritiker** orientiert sich an der kindlichen Perspektive: ***„Falsches Verhalten = Liebesverlust."***

Ihr Innerer Kritiker hat Folgendes noch nicht mitbekommen: Sie sind heute erwachsen somit nicht mehr abhängig davon, Ihr Verhalten an anderen Personen oder überholten Glaubensmustern auszurichten. Dass sich seine abwertende Art vielmehr negativ auf Ihre Lebensgestaltung auswirkt, hat er auch noch nicht mitgekriegt.

Sie haben jedoch die Möglichkeit, ihm dieses Wissen nahezubringen und mit ihm zu arbeiten.

Wie? Das erfahren Sie in Kapitel 3.8.

BEGÜNSTIGENDE LEBENSBEDINGUNGEN

Unabhängig von unseren Prägungen und Glaubensmustern können bestimmte Lebensbedingungen dazu führen, dass sich negative Denkstrukturen entwickeln oder Grübeltendenzen verstärken.

Ein wesentliches Element, das in seiner Wirkung auf unsere Denkstrukturen nicht zu unterschätzen ist, ist Stress. Es wurde bereits erwähnt: Unsere leistungsorientierte Gesellschaft fordert viel von uns. Die Anforderungen an Beruf und Privatleben steigen, das Handy klingelt ständig, die Terminkalender sind voll.

Dies alles führt nicht nur dazu, dass wir automatisch auch die Anforderungen an uns selbst immer weiter nach oben schrauben. Es hat auch zur Konsequenz, dass wir Gefahr laufen, uns in all unseren Terminen und Außenerwartungen selbst zu verlieren.

Denn unser Gehirn ist im Prinzip unter Dauerbeschallung. Neben der permanenten Reizverarbeitung muss es ununterbrochen komplexe Probleme lösen. Das Gedankenkarussell läuft auf Hochtouren. Es wird dann zunehmend schwerer, sich nach Feierabend von Gedankenkreisen zu verabschieden und sich zu entspannen. Dazu kommt: Wenn wir viel zu tun haben und wenig Gelegenheit bekommen, uns zu entspannen, fällt es zunehmend schwerer, eine positive Perspektive an den Tag zu legen. Das werden Sie sicher kennen.

Für eine gesunde Lebensweise ist es deshalb so wichtig wie noch nie, gute Strategien im Umgang mit Stress zu entwickeln. Einige Ansätze dafür finden Sie im Praxisteil dieses Ratgebers.

Manchmal konfrontiert uns das Leben aber auch schlicht und ergreifend mit handfesten Krisen. Ich erzähle Ihnen sicher nicht Neues, wenn ich sage: Es gibt Höhen und Tiefen.

Auch wenn wir es uns anders wünschen: Keiner von uns ist vor Krisen oder Schicksalsschlägen gefeit. Die Bewältigung dieser kann erhebliche Kraft kosten und den Glauben an das bestehende Weltbild erschüttern. Ob es sich um die Verarbeitung einer Trennung oder das Verkraften eines Todesfalles handelt, ob eine Auseinandersetzung mit Krankheit oder Arbeitsplatzverlust ansteht – all das können Lebensumbrüche sein, die eine Krise auslösen können. Wenn sich das bestehende Lebensgerüst abrupt verändert, fällt es schwer, eine optimistische Perspektive beizubehalten. Oft taucht dann Unverständnis auf. Enttäuschung, Wut und Pessimismus können die Folge sein.

Dies sind normale Reaktionen in einem Krisenprozess. Denn trotz des Schmerzes stellt jede Krise auch immer eine Chance für Wachstum dar. Gerade weil das bisherige Lebenskonstrukt erheblich erschüttert und infrage gestellt wird. Langfristig kann darin der Beginn neuer, passender Lebenswege liegen.

Dennoch: Sollten Sie sich in einer akuten Krisensituation befinden, scheuen Sie sich bitte nicht, auch professionelle Hilfe in Anspruch zu nehmen. Manche Situationen lassen sich nicht durch Selbsthilfe bewältigen. Bereits einige Gespräche mit einer Fachperson im Außen können hingegen dabei helfen, Licht ins Dunkel zu bringen.

Praxisteil

DEM GRÜBELKARUSSELL ENTKOMMEN IN 10 SCHRITTEN

D as folgende Kapitel stellt eine Zusammen-stellung verschiedener Methoden dar, mit deren Hilfe Sie sich schrittweise von Ihrem negativen Gedankengut verabschieden können. Die Übungen sind aufeinander aufbauend darge-stellt, was im Kontext dieses Ratgebers Sinn macht. Grundsätzlich können Sie jedoch losgelöst vonei-nander betrachtet und durchgeführt werden.

Da es in vielen Übungen darum geht, Gedanken und Ansätze zu verschriftlichen, wird die Anschaf-fung eines separaten Notizbuches empfohlen. Auf diese Weise erschaffen Sie sich ein eigenes Praxis-buch, in dem Sie Ihren gesamten Prozess festhalten und später nachvollziehen können.

Gönnen Sie sich ruhig ein neues Notizbuch mit einem besonders ansprechenden Umschlag! Auf diese Weise schaffen Sie sich einen positiven Anreiz zur Bearbeitung der Übungen. Außerdem sollen Sie Ihr Notizbuch auch später immer wieder gern zur Hand nehmen.

BEWUSSTWERDUNG

Da Sie sich für das Lesen dieses Ratgebers entschieden haben, kann ich Sie an dieser Stelle bereits beglückwünschen! Denn gerade in diesem Moment befinden Sie sich auf dem Weg, Ihre Gedankenstrukturen zu durchbrechen!

Bevor ein Problem gelöst werden kann, muss es zunächst sichtbar geworden sein. Das heißt, dass Sie bereits mindestens einen entscheidenden Schritt unternommen haben:

➤ Sie haben sich bewusst gemacht, dass Sie offenbar eine Tendenz zum negativen Denken haben.

Wenn Sie sich aus „freien Stücken" zum Lesen dieses Buches entschieden haben und es Ihnen nicht von einer anderen Person ans Herz gelegt wurde, unterstelle ich außerdem, dass Sie bereits vor dem Lesen dieses Ratgebers

➤ Ihre Grübeltendenzen als „Problem" erkannt haben, welches Sie möglicherweise daran hindert, ein zufriedenes Leben zu führen und

➤ sich dazu entschieden haben, an diesem Thema zu arbeiten und Ihr Problem zu lösen.

Egal auf welche Weise Sie dieser Ratgeber erreicht hat: Bis hierhin haben Sie sich bereits bewusst gemacht, dass Sie negativ denken. Sie haben einiges über die Ursachen negativer Denkstrukturen erfahren und konnten sich vielleicht an der einen oder anderen Stelle wiederfinden. Bevor Sie im weiteren Verlauf dieses Kapitels tiefer in die intensive Arbeit mit Ihrem ganz persönlichen Grübelkarussell einsteigen, möchte ich Sie darum bitten, sich zunächst einmal auf die Schulter zu klopfen! Wofür? Dafür, dass Sie so achtsam mit sich selbst sind und sich Ihr Problem bewusst gemacht haben! Bereits dies ist nicht selbstverständlich und erfordert ein gewisses Maß an Selbstbeobachtungskompetenz. Also: Klopfen Sie sich jetzt einfach Mal auf die Schulter! Gut! Dann kann es weiter gehen.

Wenn Sie sich für das „Ausmaß" Ihres Grübelkarussells noch etwas mehr sensibilisieren wollen, können Sie ein kleines **Selbstbeobachtungsexperiment** durchführen:

Nehmen Sie sich einen bestimmten Tag vor und achten Sie an diesem Tag bewusst auf Ihre Gedanken. Versuchen Sie ein Gefühl dafür zu bekommen, was Ihnen den Tag über so durch den Kopf geht und insbesondere auch, wie oft Sie auf negativ wertende Art denken. Angefangen mit *„So ein Mistwetter, warum regnet es heute schon wieder?!"* bis hin zu *„Wie sehe ich denn heute schon wieder aus?"* oder *„Mein Kollege ist echt eine Nervensäge."*

Es geht in dieser Übung nicht darum zu werten. Es ist also egal, ob Sie „gute" oder „schlechte" Gedanken haben – es gibt kein „richtig" und „falsch". Es ist lediglich eine Art Achtsamkeitstraining, mit dessen Hilfe Sie sich zunehmend für Ihr Gedankenkarussell sensibilisieren können.

Wichtig ist, dass Sie sich nicht für Ihre Gedanken maßregeln nach dem Motto *„Oh, was denke ich denn jetzt schon wieder für einen Quatsch?"*. Vielmehr soll es eine wertfreie Selbstbeobachtung sein: „Aha, da habe ich einen negativen Gedanken über mich selbst gehabt. Oh, da ist wieder ein negativer Gedanke."

Was vielleicht zunächst befremdlich klingt, kann Ihnen mit etwas Übung helfen, sich Ihr ganz persönliches Gedankenkarussell noch etwas mehr bewusst zu machen.

Sie können diese Übung regelmäßig in Ihren Alltag einbauen.

INNERES SELBSTGESPRÄCH

Auch in der nächsten Übung soll es darum gehen, Ihre Selbstbeobachtungskompetenz zu verfeinern und einen genaueren Einblick in die Untiefen Ihres Grübelkarussells zu erhalten. Denn wie Sie vielleicht bereits in der vorherigen Übung festgestellt haben: Wenn man den Gedanken in seinem Kopf mal bewusste Aufmerksamkeit schenkt, fällt einem erst auf, was die innere(n) Stimme(n) da eigentlich den ganzen Tag vor sich hin plappern.

Für die nächste Übung nehmen Sie sich bitte Ihr Notizbuch oder eine paar Blätter Papier und einen Stift. Es ist wichtig, dass Sie diese Übung allein durchführen und sichergehen, dass Sie währenddessen nicht gestört werden. Nehmen Sie sich 5 Minuten Zeit. Stellen Sie sich am besten einen Wecker oder Timer so ein, dass dieser nach 5 Minuten klingelt. Diese Zeit nehmen Sie sich bitte zum In-Sich-Hinein-Hören. Schreiben Sie alle Gedanken auf, die Ihnen in dieser Zeit durch den Kopf gehen. Versuchen Sie, möglichst ungefiltert alle Gedanken zu erfassen und auszudrücken. Dies kann auch stichpunktartig geschehen. Wenn es Ihnen schwerfällt, sich auf die Übung einzulassen und Sie sich fragen, *was Sie denn jetzt aufschreiben sollen* – ist genau <u>das</u> Ihr erster Gedanke. Sie sehen, worauf ich hinaus will. Versuchen Sie alles, das während der 5 Minuten in Ihrem Kopf auftaucht, festzuhalten.

Lesen Sie sich nach Ablauf der Zeit einmal selbst laut vor, was Sie da zu Papier gebracht haben.

Auch in dieser Übung geht es nicht um „richtig" oder „falsch". Ziel ist es, ein Bewusstsein für Ihre persönlichen Gedankenstrukturen zu entwickeln und diesen möglichst wertfrei zu lauschen. Darüber hinaus geht es darum, den Worten und Bildern in Ihrem Kopf Ausdruck zu verleihen. Denn: Durch das Aufschreiben oder Aussprechen von Gedanken werden wir uns oft erst über deren Wirkung bewusst. Oder kennen Sie das nicht auch, dass sich die Dinge manchmal ganz anders anhören, sobald Sie diese laut aussprechen?

Achten Sie während der Übung auch darauf, wie es sich für Sie anfühlt, wenn Sie sich Ihre Gedanken laut vorlesen. Kommen Sie sich merkwürdig vor? Sind Sie erstaunt, was in Ihrem Kopf los ist? Fragen Sie sich, wieso Ihnen nichts eingefallen ist?

Alles ist möglich. Alles darf sein.

Alternativ können diese Übung auch mithilfe eines Audiogerätes durchführen (z.B. mithilfe der Audiofunktion Ihres Mobilfunktelefons) Nehmen Sie dafür 5 Minuten lang möglichst ungefiltert Ihre Gedanken auf. Auch hier ist es entscheidend, die Aufmerksamkeit auf Ihre Gedanken zu lenken und diese festzuhalten. Probieren Sie ruhig beide Methoden aus und schauen Sie, welche sich für Sie besser anfühlt. Auch dies ist eine Übung, die Sie regelmäßig in Ihren Alltag einbauen können. Auf diese Weise trainieren Sie ein Bewusstsein für Ihre Gedankenmuster.

SIE SIND NICHT IHRE GEDANKEN

Aufgrund des bisher Gelesenen und vor allem Ihrer persönlichen Erfahrungen teilen Sie vielleicht folgende Aussage: *„Die Art und Weise, wie ein Mensch über sich und seine Umwelt denkt, ist die Basis für seine Lebenszufriedenheit."*

Die Perspektive eines Menschen hat eine ungeheure Macht auf seine Selbstwahrnehmung und Gefühlslage. Sie ist ausschlaggebend dafür, ob sich jemand selbstwirksam fühlt oder als Opfer seiner Umstände; ob er sich über die Kleinigkeiten des Alltags freuen kann oder sich eher in Sorgen verliert.

Sie haben sich vermutlich für das Lesen dieses Ratgebers entschieden, weil Sie dies bereits wissen oder ahnen. Die gute Nachricht kommt jetzt: **Ihre Denkweise ist veränderbar, sie ist nicht in Stein gemeißelt.** Mit ausreichend Achtsamkeit und ein wenig Übung können Sie Ihre Gedankenmuster erkennen, analysieren und schrittweise verändern.

In diesem Zusammenhang müssen Sie wissen, dass wir Menschen oft in die Falle tappen, uns mit unseren Gedanken identifizieren. Alles, was unser Kopf uns präsentiert, halten wir zunächst einmal für bare Münze. Wenn Sie jetzt also denken „Hä? Versteh ich nicht. Ich bin einfach zu doof.", dann halten Sie diese Aussage in diesem Moment eventuell auch für die einzige Wahrheit. Vermutliche Schlussfolgerung: „Ich bin ein doofer Mensch." Ich möchte Ihnen nicht zu nahetreten, aber: Glauben Sie nicht alles, was sie denken! Ein wichtiger Schlüsselsatz in diesem Zusammenhang ist:

„Sie haben Gedanken, Sie sind aber nicht Ihre Gedanken!"

Dies ist ein enormer Unterschied, den Sie unbedingt verinnerlichen sollten! Um noch mal zu verdeutlichen, warum dieser Unterschied so bedeutsam ist:

➢ **Wenn Sie die Annahme haben „Ich bin meine Gedanken.", dann bedeutet das automatisch, dass Sie sich mit allem identifizieren, was Ihr Kopf im Laufe des Tages so vor sich hindenkt.**

Wenn Sie nun eher eine Tendenz haben, negativ zu denken, werden Sie all Ihren negativen Gedanken über sich selbst, andere Menschen und die ganze Welt vermutlich brav Glauben schenken. Sie werden sich dann vielleicht für einen Versager halten und von Ihrem Leben immer wieder enttäuscht werden. Dies wird Sie wiederum in Ihrer Weltsicht bestätigen. Sie werden sich unglücklich und energielos fühlen und vermutlich irgendwann eine Krankheit entwickeln. Entschuldigen Sie, wenn ich das an dieser Stelle überspitze. Aber es ist wichtig zu verstehen, wie viel Macht negative Gedanken auf unsere gesamte Lebensgestaltung haben!

➢ **Wenn Sie die Annahme „Ich habe Gedanken." haben, bedeutet das, dass Sie Ihre Gedanken als einen Teil von sich begreifen, der jedoch nicht Ihr gesamtes Wesen definiert.**

Diese Annahme schließt in gewisser Weise ein, dass Gedanken nicht absolut und somit veränderbar sind. Wenn Sie sich also bewusst machen, dass Sie den gesamten Tag über eine Menge Zeug denken, Ihre Gedanken grundsätzlich vielschichtig sind und auf unterschiedlichen Quellen fußen, tun Sie sich einen großen Gefallen. Denn dann wird auch klar, dass Ihre Gedanken keine Macht haben, eine endgültige Aussagekraft über Ihre Person treffen zu können. Dies ist natürlich insbesondere wichtig für

Menschen mit negativ gefärbten Gedankenmustern. Denn wenn Ihnen das bewusst ist, können Sie in jedem Moment innehalten und Ihre negativen Gedanken auf ihren Wahrheitsgehalt hin überprüfen. Wenn Sie sich nicht mit Ihren Gedanken identifizieren, haben Sie außerdem die Möglichkeit, schädigende Gedankenmuster aufzuspüren und zu verändern. Ergo: Sie selbst haben die Macht, Einfluss auf Ihre Sichtweise und Lebensgestaltung zu nehmen.

Es gibt eine Vielzahl von Achtsamkeits- und Visualisierungsübungen, die Sie in diesem Bewusstsein unterstützen können. Hier ist eine kleine Übersicht:

❖ Gedanken auf Wolken setzen

Wenn Sie schon mal beim Yoga waren oder meditiert haben, kennen Sie diese Visualisierungsübung vielleicht. Sobald störende Gedanken in Ihnen auftauchen, stellen Sie sich vor, wie Sie diese auf Wolken setzen und davonziehen lassen. Stellen Sie es sich so bildlich wie möglich vor und nutzen Sie für jeden störenden Gedanken eine eigene Wolke. Stellen Sie sich vor, wie die Wolke hinfort zieht und Ihren Gedanken mitnimmt. Zurück bleibt ein blauer Himmel.

❖ Gedanken in ein Gewässer werfen

Vielleicht fällt es Ihnen leichter, sich vorzustellen, wie Sie Ihre Gedanken in einen See hineinwerfen. Visualisieren Sie dafür einen störenden Gedanken und stellen Sie sich vor, wie Sie ihn in der Hand halten. Vielleicht assoziieren Sie den Gedanken mit einem bestimmten Wort oder Symbol. Stellen Sie sich nun vor, wie Sie diesen Gedanken in ein tiefes Wasser hineinwerfen. Visualisieren Sie, wie er die Wasseroberfläche durchbricht, an dieser Stelle eine Bewegung des Wassers hervorruft und dann ins Wasser hineinsinkt. Beobachten Sie innerlich, wie sich die Wasseroberfläche wieder glättet. Fahren Sie mit anderen störenden Gedanken auf diese Weise fort.

Es kann helfen, diese Übung auch in Wirklichkeit an einem Gewässer durchzuführen. Probieren Sie aus, was passiert, wenn Sie z.B. Steine als Symbole für bestimmte Gedanken ins Wasser werfen.

❖ Gedanken in einem Schließfach verstauen

Möglich ist auch, dass Sie Ihre Gedanken für einen bestimmten Zeitraum „weglegen". Diese Methode ist hilfreich, wenn es sich für Sie (noch) nicht gut anfühlt, Ihre Gedanken komplett gehen zu lassen.

Diese Visualisierungsübung eignet sich z.B. für Gedankengänge, die Sie grundsätzlich an anderer Stelle fortführen möchten, die Sie aber im jeweiligen Moment behindern. Zum Beispiel, weil Sie sich gerade auf das Schreiben eines Ratgebertextes konzentrieren wollen. Dafür kann es hilfreich sein, sich vorzustellen, wie man die Gedanken in ein Schließfach oder einen Schrank hineinlegt. Stellen Sie sich vor, wie Sie Ihre Gedanken dort hineinlegen und die Tür verschließen, wenn Sie mögen auch mit einem Schlüssel. Vielleicht ist für Sie aber auch die Vorstellung angenehmer, eine Schranktür manuell zu verschließen. Dahinter sind Ihre Gedanken nun gut aufgehoben und können von Ihnen abgeholt werden, wenn Sie sie wieder aufnehmen möchten.

GRÜBELZEITFENSTER EINPLANEN

Denken – das haben wir bisher erfahren – ist etwas, womit wir alle grundsätzlich den gesamten Tag beschäftigt sind. Vor diesem Hintergrund ist es unmöglich, von sich zu erwarten, nicht zu denken. Das ist auch nicht das Ziel.
Ziel dieses Ratgebers – und damit gegebenenfalls

auch Ihres – ist es, einen Weg zu finden, negatives Denken einzustellen bzw. „unter Kontrolle zu bekommen."

Nach all dem, was Sie bisher erfahren haben, können Sie den Ursprung und die Beschaffenheit Ihres Gedankenkarussells vermutlich besser einordnen. Sie haben sich nun auch schon eingehend damit beschäftigt, Ihre Gedanken bewusst wahrzunehmen und daraufhin zu überprüfen, welche Wirkung sie auf Sie haben. Ebenfalls sind Sie nun schon geübt darin, wie Sie eine Trennung zwischen sich und Ihren störenden Gedanken schaffen können. Und doch kann es sein, dass Sie sich immer wieder in negativen Gedankenschleifen wiederfinden und es Ihnen schwerfällt, diese zu durchbrechen.

Das ist ganz natürlich. Denn – wie sagt man so schön – Menschen sind Gewohnheitstiere. Wenn Sie also daran gewöhnt sind, in bestimmten Mustern zu denken, können Sie diese nicht von heute auf morgen verändern.

Stellen Sie sich vor, Sie wollen eine neue Gewohnheit in Ihren Alltag integrieren, z.B. jeden Morgen eine kleine Runde joggen gehen. Sie wissen, dass es Ihnen guttut und haben sich aus freien Stü-

cken dazu entschieden. Dennoch wird es eine Weile dauern, bis Sie diese neue Gewohnheit routiniert in Ihren Alltag integriert haben. Es wird Phasen geben, da wird es Ihnen leichter fallen. Es wird Phasen geben, da ist es Ihnen zu müßig und Sie werden sich fragen, was Sie sich dabei eigentlich gedacht haben.

Versuchen Sie dieses plastische Alltagsbeispiel auf Ihr Vorhaben zu übertragen, das negative Gedankenkarussell bezwingen zu wollen. Auch hier werden Sie immer mal wieder in alte Muster fallen und sich fragen, ob sich der ganze Aufwand überhaupt lohnt.

Zudem ist es so, dass es sich beim Verändern der Denkmuster um einen wesentlich komplexeren Prozess handelt als beim Joggen.

Wenn Sie eine Tendenz zum Grübeln haben, werden Sie diese nicht von heute auf morgen aufgeben können. Vielleicht spüren Sie sogar einen Anteil in sich, der aufgrund der Entscheidung, weniger kritisch zu denken, skeptisch ist. Dies kann ganz normal sein. Denn insbesondere, wenn Sie ein Mensch sind, der sich viele Gedanken macht, kann es in Ihnen ein Unbehagen hervorrufen, wenn dieses ausführliche Durchdenken plötzlich nicht mehr notwendig oder erwünscht sein soll.

Um diesen Anteil in Ihnen etwas milde zu stimmen beziehungsweise um einen behutsamen Übergang in Ihre neue Gedanken-Routine zu ebnen, kann Ihnen Folgendes helfen:

Planen Sie sich täglich feste Grübelzeitfenster ein!

Legen Sie sich ein tägliches Zeitfenster von 15 – 20 Minuten fest, in dem Sie nur grübeln, negativ denken und sich Sorgen machen dürfen.

Vielleicht möchten Sie sich morgens die Zeit dafür nehmen. Vielleicht bietet sich bei Ihnen eher der Abend vor dem Schlafengehen an. Sorgen Sie auf jeden Fall dafür, dass es ein fester, verbindlicher Termin in Ihrem Alltag ist. Tragen Sie ihn in Ihren Kalender ein.

Und dann: Nutzen Sie die Zeit bewusst, um zu Grübeln! Nehmen Sie sich die ganze Zeit, um über wichtige, belastende Themen und Sorgen nachzudenken. Kosten Sie dies völlig aus.

Erinnern Sie sich daran, dass es in Ordnung ist, jetzt zu grübeln! Ihnen steht die gesamte Zeit zur Verfügung, um sich in die Untiefen Ihres Gedankenkarussells zu begeben. Mit eben diesem einen Endpunkt: Sobald das geplante Zeitfenster vorbei ist, erteilen Sie sich ein „**Grübelstopp**". Sagen Sie das dann auch zu sich selbst. *„Bis hierhin habe ich alle zweifelnden, negativen Gedanken zugelassen und durchdacht; jetzt höre ich damit auf.*" Konzentrieren Sie sich dann auf etwas anderes.

Sie werden sehen, die Aussicht auf ein erneutes Grübelzeitfenster am Folgetag wird es Ihnen leichter machen, Ihr Grübeln vorerst zu unterbrechen. Zudem vermitteln Sie sich das Gefühl, sich selbst in Ihren Sorgen und Grübeleien ernst zu nehmen. Dieser Schritt ist wichtig; schließlich gehört Ihr Gedankenkarussell (momentan noch) zu Ihnen.

Nichtsdestotrotz können Sie Ihre Grübelzeitfenster zunehmend dafür nutzen, in sich hinein zu lauschen und die Mechanismen Ihres negativen Gedankenkarussells auf diese Weise noch etwas besser zu verstehen. Irgendwann werden Sie bemerken, dass Sie Ihre Grübelzeitfenster immer weniger benötigen.

FOKUS VERÄNDERN – STÄRKEN UND ERFOLGE BEWUSST MACHEN

Neben dem schrittweisen Loslassen Ihrer altbekannten Gedankenmuster ist es für den Ausstieg aus dem Grübelkarussell unumgänglich, sich in einer „neuen" Art des Denkens auszuprobieren und diese einzuüben. Es geht darum, sich anzugewöhnen, Ihren persönlichen Gedanken-Fokus – Ihre Perspektive auf sich und die Welt also – zu verändern. Das klingt nach einem großen Vorhaben, sagen Sie?! Ja, da gebe ich Ihnen recht. Aber wenn Sie in Ihre Vergangenheit zurückblicken, werden Sie sich sicher auch erinnern, dass Sie schon so einiges gelernt haben, was Sie vorher vielleicht nicht für möglich gehalten haben. Zum Beispiel sich die Schuhe selbst zuzubinden, Autofahren oder Algebra.

Damit möchte ich sagen: Alles ist erlernbar, wenn man nur regelmäßig übt. Mit dem positiven Denken ist es im Prinzip genauso. Bisher sind Sie es vermutlich gewohnt, eher kritisch mit sich selbst und Ihrer Umwelt umzugehen. Ihnen fehlt schlicht und ergreifend die Übung im positiven Denken. Hier einige Ansätze, um wesentliche Gedanken-

Stellschrauben nachhaltig zu verändern:

❖ Stärken- Liste

Nehmen Sie sich Ihr Notizbuch und etwas zum Schreiben zur Hand. Führen Sie diese Übung nur durch, wenn Sie ausreichend Zeit und Ruhe für sich haben.

Erstellen Sie in Ihrem Notizbuch eine Liste mit der Überschrift *„Meine Stärken".* Nun denken Sie nach, was Sie als Ihre persönlichen Stärken erachten. Jeder Mensch hat ausgeprägte Fähigkeiten, in anderen Bereichen ist er dagegen vielleicht nicht ganz so stark. Auch Sie haben besondere Fähigkeiten und Kenntnisse, da bin ich mir sicher. Denken Sie darüber nach, was Ihnen leichtfällt oder wofür Sie besonders geschätzt werden. Zum Beispiel:

- Ich kann gut malen.
- Ich bin handwerklich begabt.
- Ich habe super Kenntnisse in Social Media.
- Ich bin empathisch.
- Mir fällt schnell auf, wenn jemand eine neue Frisur/ neue Kleidung hat.
- Ich bringe Andere gern zum Lachen.
- ...

Sicher fallen Ihnen noch mehr Dinge ein, wenn Sie

ein wenig nachdenken.

❖ Erfolge-Liste

In einem nächsten Schritt gehen Sie genauso vor. Nur nehmen Sie sich nun die Zeit und denken über all die Dinge nach, die Sie in Ihrem Leben schon erreicht haben. Erinnern Sie sich. Es gab in Ihrem Leben sicher schon die ein oder andere Hürde, die Sie erfolgreich bewältigt haben. Damit sind nicht nur die großen Klassiker wie Abschlüsse, Auszeichnungen und Beförderungen gemeint. Führen Sie alle Situationen auf, die für Sie eine Hürde dargestellt haben, welche Sie erfolgreich bewältigt haben. Erinnern Sie sich an diese Momente. Vielleicht fällt Ihnen wieder ein, wie viel Mut Sie zur Bewältigung aufgebracht haben und wie sich das Gefühl von Stolz angefühlt hat. Notieren Sie all Ihre Erfolge in Ihrer Erfolge-Liste. Dies kann so aussehen:

- Mein Schulabschluss

- Mein Berufsabschluss

- Mein zweimonatiger Auslandsaufenthalt in den USA

- Dass ich es letztes Jahr geschafft habe, 5 kg abzunehmen

- Meine Beförderung

- Dass ich mir das Stricken beigebracht habe
- Meine Hochzeit: das Ja-Sagen zu meinem Partner
- Dass ich begonnen habe, auf meine Gedanken zu achten
- ...

❖ **Ihre Stärken aus Sicht Ihrer Freunde und Familienangehörigen**

Hilfreich kann es auch sein, Freunde und nahe Angehörige zu fragen, was diese an Ihnen schätzen bzw. was Sie als Ihre Stärken ansehen. Das kann etwas Mut erfordern, aber auch sehr aufschlussreich sein. Denn die ein oder andere Einschätzung wird Ihnen sicher bekannt vorkommen. Es kann aber auch gut sein, dass Sie durch Ihre Nachfrage Rückmeldungen zu persönlichen Stärken erhalten, die Sie selbst noch gar nicht als solche wahrgenommen haben. Dementsprechend können Sie diese direkt in Ihre Stärken-Liste übertragen.

Die Übung kann Ihnen helfen, sich ein wenig aus den liebevollen Augen Ihrer Freunde und Familienangehörigen zu sehen. Dies kann eine bereichernde Erfahrung sein. Also los, nur Mut!

Ihre Stärken- und Erfolge-Listen sollten Sie sich regelmäßig vergegenwärtigen und gegebenenfalls ergänzen. Insbesondere in Zeiten, in denen Ihre inneren Zweifel und Grübeleien die Überhand übernehmen, sollten Sie einen Blick auf Ihre persönlichen Listen werfen. Sie können Ihnen helfen, Ihrer negativ gefärbten Perspektive etwas Handfestes entgegenzusetzen und ihr allein dadurch bereits ihre Macht nehmen.

FOKUS VERÄNDERN – DAS POSITIVTAGEBUCH

Eine andere wirksame Methode, mit der Sie sich eine stückweise Verschiebung Ihres Fokus antrainieren können, ist das Führen eines **Positivtagebuches**.

Kaufen Sie sich dafür am besten ein kleines Notizbüchlein, das Sie als **Positivtagebuch** nutzen. Schreiben Sie bitte jeden Abend mindestens drei positive Ereignisse/ Erfahrungen/ Begegnungen dort hinein, die Sie an diesem Tag gemacht haben. Das können Dinge sein, die auf den ersten Blick nicht unbedingt spektakulär sein müssen, über die Sie sich in diesem Moment aber gefreut haben. Zum

Beispiel:

* ❖ der leckere Milchkaffe, den Sie sich zum Frühstück gegönnt haben
* ❖ die Verkäuferin, die Sie angelächelt hat
* ❖ die Sonne, die Ihnen in der Mittagspause ins Gesicht geschienen hat

Vielleicht wird es Ihnen zu Beginn schwerfallen, Ihren Fokus auf die positiven Aspekte Ihres Alltagslebens zu lenken. Wie jedoch bereits an anderer Stelle erwähnt, ist es schlicht und einfach auch eine Sache der Übung.

Nutzen Sie dieses Tool also, um Ihren Blick für die schönen Dingen in Ihrem Leben zu wecken und zu verfeinern. Sie werden sehen, dass Ihnen mit der Zeit immer mehr Punkte einfallen werden, die Ihnen bei Ihrem persönlichen Tagesrückblick positiv in Erinnerung geblieben sind.

Es wird Ihnen dadurch gelingen, Ihre gewohnte Grübeldynamik schrittweise auszuhebeln. Mit der Zeit werden Sie ein zunehmendes Bewusstsein für die positiven Aspekte Ihres Lebens entwickeln. Damit einher geht oft auch eine Grundhaltung der Dankbarkeit für all die „Selbstverständlichkeiten" in Ihrem Leben – Beziehungen, Job, Mobilitätsoptionen, Lebensmittelversorgung etc.

Vorsicht, bevor wir uns hier falsch verstehen: Ich meine nicht die „Hören Sie doch auf zu jammern, es geht Ihnen doch gut."- Dankbarkeit, die Sie vielleicht aus Ihrer Kindheit kennen.

Nein, Sie dürfen und sollen kritisch sein und auch grübeln dürfen, wenn dies ein Teil von Ihnen ist.

Es soll hier vielmehr darum gehen, sich hin und wieder bewusst zu machen, wie viele gut funktionierende Systeme, Beziehungen und Gegenstände man in seinem Alltag hat. Dankbarkeit ist eine ungeheuer kraftvolle Gefühlslage und kann sehr heilsam wirken.

GLAUBENSSÄTZEN AUF DIE SCHLICHE KOMMEN

Wie Sie im Verlauf dieses Ratgebers bereits erfahren haben, spielen **Ihre individuellen Glaubenssätze** eine bedeutsame Rolle für die Art Ihrer Gedanken. Ob Sie eher dazu neigen, das Glas als *halb voll* oder *halb leer* anzusehen, hängt maßgeblich mit Ihren ureigenen Glaubensprogrammen zusammen.

Oftmals sind uns diese Glaubensmuster gar nicht bewusst, da sie meist weit in die Kindheit hineinreichen.

Kleine Zwischeninfo:

Haben Sie sich den Begriff *Selbstbewusstsein* eigentlich mal genauer angeschaut?

Das Wort *Selbstbewusstsein* stammt von *„sich seiner selbst bewusst sein"*.

Ein selbstbewusster Mensch ist demnach jemand, der sich kennt und versteht. Die Auseinandersetzung mit sich selbst, mit den eigenen Prägungen, Erfahrungen, Stärken und Schwächen ist demzufolge immer ein persönlicher Gewinn.

Mit jedem Mal, dass Sie sich selbst etwas besser verstehen und Ihre Wesensart mehr annehmen können, wächst Ihr Selbstbewusstsein.

Es lohnt sich jedoch, einen tieferen Blick in sich hinein zu werfen und die ganz persönlichen Glaubenssätze ausfindig zu machen. Denn so werden Sie beim Erkennen Ihrer individuellen Glaubenssätze eine Art Aha-Effekt erleben:

Plötzlich macht es Sinn, warum Sie sich manchmal mit bestimmten Gedanken im Wege stehen, es Ihnen schwerfällt, aus Ihrer Haut zu kommen, Sie sich und andere vielleicht sogar abwerten. Wenn Sie sich den Ursprung bewusst gemacht haben, können Sie sich und ihr Wesen besser verstehen, was bereits sehr heilsam und stärkend sein kann.

Darüber hinaus haben Sie durch das Erkennen Ihrer persönlichen Glaubenssätze eine bahnbrechende Chance: Sie können sich entscheiden, ob Sie ihre inneren Programme beibehalten oder verändern möchten.

Durch die Umformulierung selbstsabotierender Glaubenssätze können Sie Ihrem negativen Gedankenkarussell ordentlich den Wind aus den Segeln zu nehmen. Aber wie finden Sie überhaupt einen Zugang zu Ihren individuellen Glaubensmustern? Dazu gibt es verschiedene Herangehensweisen. Nachfolgend stelle ich Ihnen einige Ansätze vor:

Nehmen Sie sich für diese Aufgabe bitte Ihr Notizbuch bzw. etwas zum Schreiben zur Hand und ein wenig Zeit zum Nachdenken.

❖ **Werten auf die Schliche kommen**

Übertragen Sie bitte nachfolgende Satzanfänge in Ihre Notizen und versuchen Sie, diese für Sie passend zu vervollständigen. Versuchen Sie, dabei so ehrlich wie möglich zu sein. Auch hier geht es nicht um ein „richtig" oder „falsch". Vielmehr dienen diese Sätze dazu, Ihrem persönlichen Wertesystem auf die Schliche zu kommen.

• Mein/e PartnerIn/ Freunde/ Familiengehörige mögen mich besonders für mein/e ...

• Mein Chef erwartet von mir ....

• An anderen Menschen schätze ich besonders ....

• Wenn ich könnte, wie ich wollte, würde ich am liebsten .... tun.

• Was mich am meisten vom Glücklichsein abhält, ist ....

• Wenn ich BundeskanzlerIn wäre, wäre mir am wichtigsten, dass die Menschen ...

❖ **Bezugspersonen charakterisieren**

Vergegenwärtigen Sie sich die wichtigsten Bezugspersonen aus Ihrer Kindheit (z.B. Mutter, Vater, Oma, Opa, Tante, Onkel, Bruder, Schwester, Lehrer, Trainer, Nachbar...etc.)

Suchen Sie sich die fünf wesentlichsten Personen heraus und widmen Sie jeder Person eine eigene Seite in Ihren Notizen. Versetzen Sie sich zurück in Ihre Rolle als Kind und in die Beziehung zu der jeweiligen Person. Wenn die Beziehung auch heute noch besteht, kann dies hilfreich sein, um sich hineinzufühlen. Versuchen Sie dann, für jede dieser wichtigen Bezugspersonen mindestens drei Kernsätze aufzuschreiben, die Sie mit der Person verbinden. Dies können Sätze sein, welche die Person oft zu Ihnen gesagt hat (z.B. „Du musst dich mehr anstrengen.“). Es sind aber auch Aussagen möglich, welche die Person über sich selbst („Ich weiß das besser.“) oder die Welt („Man kann niemandem trauen.“) getroffen hat. Hier sind nicht nur negative Aussagen gefragt, sondern all diejenigen, welche Ihnen zu der jeweiligen Person einfallen und Ihr Verhältnis zueinander am besten charakterisieren. Zum Beispiel kann dies wie folgt aussehen:

Mutter:
Mir ist wichtig, dass du eine gute Ausbildung machst.
Mädchen raufen nicht.

Jungs weinen nicht.

Du bist frech.

Es ist wichtig, schön auszusehen.

Man muss sich anstrengen im Leben.

Ich mache so viel für dich.

Ich bin enttäuscht von dir.

....

Vielleicht merken Sie bereits während des Schreibens, dass Sie auf manche Sätze emotional reagieren, indem Sie z.B. traurig oder wütend werden, wenn Sie daran denken. Das ist ein sicheres Zeichen dafür, dass sich diese Sätze in Ihrem Inneren verankert haben und sich auf Ihr gegenwärtiges Leben auswirken.

Schreiben Sie deshalb im Anschluss eine weitere Glaubenssatz-Liste auf. Schauen Sie sich dazu noch mal alle Sätze an, die Sie mit Ihren Bezugspersonen in Verbindung bringen. Wählen Sie diejenigen Sätze aus, in denen Sie sich wiedererkennen bzw. bei welchen Sie das Gefühl haben, dass sie eine Bedeutung für Ihr heutiges Leben haben.

Wenn Sie diese Liste erstellt haben, können Sie davon ausgehen, Ihre wesentlichen Glaubenssätze gefunden zu haben.

❖ **Einschätzungen anderer**

Sie können auch vertraute Personen aus Ihrem aktuellen Umfeld danach befragen, welche Glaubenssätze deren Einschätzung nach in Ihnen verankert sind. Ihr Partner, Ihre beste Freundin, Arbeitskollegin oder Ihr Bruder kennen Sie nämlich sehr gut und können Sie vielleicht dabei unterstützen, Ihre Glaubenssatz-Liste zu vervollständigen. Oftmals kann das Außen selbstblockierende Themen viel klarer sehen als man selbst.

Am Ende dieses Prozesses sollten Sie einen Überblick über Ihre Glaubenssätze erstellt haben. Sofern Sie dies noch nicht getan haben, listen Sie diese unter der Überschrift *„Meine Glaubenssätze"* in Ihren Arbeitsnotizen auf. Glaubenssätze charakterisieren sich für gewöhnlich durch die Formulierungen

„Ich bin..."

„Ich muss..."

„Man sollte..."

...

Da sind sie also, Ihre Glaubenssätze!

In einem nächsten Teilschritt schauen wir uns diese noch mal genauer an. Vielmehr werden Sie lernen, wie Sie nun mit diesen Glaubenssätzen umgehen können. Genauer gesagt – denn das interessiert Sie sicher am meisten – wie Sie den negativen Aussagen über Ihre Person am besten den Wind aus den Segeln nehmen können.

Gehen Sie dazu wie folgt vor:

Nehmen Sie sich dazu zunächst zwei verschiedenfarbige Stifte. (Farben wirken besser, Sie können sonst aber auch gern mit zwei unterschiedlichen Symbolen arbeiten.) Gehen Sie Ihre Glaubenssatzliste nun noch einmal Satz für Satz durch und markieren Sie sowohl

➢ Glaubenssätze, die Ihnen guttun und die Sie beibehalten möchten in einer Farbe.

➢ Glaubenssätze, die Sie im Verdacht haben, sabotierend zu wirken und die Sie verändern möchten in einer anderen Farbe.

Nun konzentrieren Sie sich auf die Sätze, die Sie als Störenfriede ausgemacht haben. Schreiben Sie diese bitte noch einmal gesammelt auf. Wenn es Ihnen an dieser Stelle müßig vorkommt, diese

Glaubenssätze noch mal aufzuschreiben, haben Sie mein vollstes Verständnis.

Allerdings – erinnern Sie sich: Mit jedem Mal mehr aufschreiben haben Sie die Möglichkeit, sich die Wirkung des Glaubenssatzes bewusster zu machen. Zudem ist es für die folgende Übung wichtig, dass Sie Ihre zu verändernden Glaubenssätze in einer bestimmten Form aufschreiben.

Teilen Sie Ihr Notizblatt dazu in der Mitte und schreiben und versehen die beiden entstandenen Spalten mit den Überschriften „Alter Glaubenssatz" und „Neuer Glaubenssatz".

Notieren Sie dann in der Spalte „Alter Glaubenssatz" Ihre Glaubenssätze, die Sie verändern möchten. Nehmen Sie sich nun jeden einzelnen Glaubenssatz vor und wandeln Sie diesen in einen positiven Glaubenssatz um. Stellen Sie sich dazu vor, was Sie einem Freund/ einer Freundin bei einer solchen Aussage entgegensetzen würden. Formulieren Sie jedoch auch den neuen Satz aus der Ich-Perspektive. Dies kann zu Beginn kniffelig sein und bedarf etwas Übung. Sie werden jedoch sehen, dass bereits das Umformulieren eines negativen in einen positiven Satz eine erhebliche Bewegung in

Ihren Blickwinkel bringen wird.

Zum leichteren Hineinfinden stelle ich Ihnen ein paar Beispiele vor, wie dies aussehen könnte:

Alter Glaubenssatz	Neuer Glaubenssatz
Ich bin viel zu dick.	*Ich habe in letzter Zeit nicht ausreichend auf mein Gewicht geachtet und fühle mich so nicht wohl. Ich kann daran etwas ändern, wenn ich möchte.*
Ich bin nicht gut genug, mein Partner wird mich verlassen.	*Mein Partner liebt mich so, wie ich bin. Ich habe Stärken und Schwächen, genau wie er auch.*
Ich habe es nicht verdient, glücklich zu sein.	*Wie jeder andere Mensch habe auch ich es verdient, glücklich und zufrieden zu sein. Dabei ist es ganz egal, was ich in meiner Vergangenheit vielleicht getan oder erlebt habe.*

Mit dem Umformulieren Ihrer Glaubenssätze haben Sie gerade Folgendes gemacht:

Sie haben eingeübt, wie es sich anfühlt, verständnisvoll und liebevoll mit sich selbst zu sprechen.

Machen wir uns nichts vor: Natürlich kann ich Ihnen nicht versprechen, dass Sie damit einen Schalter umgelegt haben und von nun an nie wieder einen dieser alten Glaubenssätze in sich spüren. So einfach geht es mit uns Menschen ja leider doch nicht. Denn wir erinnern uns: Menschen sind Gewohnheitstiere.

Aber: Was Sie nun gemacht haben, ist, Ihre alten gewohnheitsmäßigen Gedanken über sich selbst zu hinterfragen und ihnen positive, ermutigende Aussagen entgegenzusetzen. Sie haben damit also einerseits Ihren Fokus dahingehend verschoben, positiv und milde mit sich umzugehen. Dies haben Sie durch die Verschriftlichung nochmals untermauert. Denn Sie wissen ja: Aufschreiben wirkt mehr und unterstützt Sie auf diese Weise auch dabei, den neuen Glaubenssatz zu verinnerlichen.

In Zukunft, wenn ein alter Glaubenssatz in Ihnen auftaucht, können Sie diesen nicht nur schnell als solchen erkennen. Sie können ihm auch direkt den Wind aus den Segeln nehmen, indem Sie ihm etwas Handfestes entgegenhalten können.

Wie alles im Leben ist es eine Übungssache und fühlt sich vielleicht zu Beginn noch etwas fremd an. Ich kann Ihnen aber versprechen: Mit der Zeit sind Sie geschult im Erkennen alter Glaubensmuster. Das Ersetzen durch eine neue liebevollere Version wird gleichzeitig zu einer Art Automatismus. Übung macht den Meister.

AUSEINANDERSETZUNG MIT DEM INNEREN KRITIKER

Nachdem Sie sich im letzten Abschnitt intensiv Ihren Glaubenssätzen gewidmet haben, verfügen Sie nun über das beste Rüstzeug für die Auseinandersetzung mit Ihrem **Inneren Kritiker**. Denn dieser orientiert sich eng an Ihren negativen Glaubenssätzen. Vielleicht kann man sogar sagen, dass es im Großen und Ganzen um dasselbe Thema geht. Jedoch handelt es sich beim **Inneren Kritiker** um ein sehr anschauliches Modell. Dadurch fällt es uns Menschen leichter, mit unseren komplexen Mechanismen arbeiten zu können.

Mithilfe des **Inneren Kritikers** können Sie Ihr negatives Gedankenknäuel nun personifizieren, Sie können ihm ein Gesicht geben. Die Vorstellung, dass da eine Figur in Ihnen ist, die für Ihr negatives Gedankengut verantwortlich ist, kann unglaublich hilfreich sein. Nämlich dabei, eine gesunde Distanz zu Ihrem Gedankenkarussell herzustellen.

Grundsätzlich sollten Sie sich immer wieder bewusst machen, dass es nur ein Teil in Ihnen ist, der negativ denkt. Dieser Teil kommt Ihnen vielleicht sehr mächtig vor, weil sein Wortlaut streng ist und er dazu neigt, Ihre Gedankenwelt zu dominieren. Dennoch ist es nur dieser eine Teil, der mit Ihnen spricht und gehört werden möchte. Zu Beginn dieses Ratgebers haben Sie etwas darüber erfahren, woher dieser Teil kommt und auch, warum es ihm so wichtig ist, gehört zu werden. Nichtsdestotrotz – und da werden Sie mir sicher zustimmen – gibt es noch andere Anteile in Ihnen, die ein zufriedenes Leben führen wollen und z.B. mutig sein wollen, glücklich sein wollen, geliebt werden wollen.

Die negative Stimme in Ihnen ist also nicht

gleichzusetzen mit Ihrer gesamten Person – sie ist lediglich ein Teil von Ihnen.

Diese Erkenntnis ist wichtig! Sie sollten sich diese immer wieder vergegenwärtigen.

Um Sie dabei zu unterstützen, möchte ich Ihnen einige Ideen an die Hand geben. Es soll hier darum gehen, sich ein Bild von diesem Anteil – dem **Inneren Kritiker** – zu machen. Es wird darum gehen, ihn kennenzulernen, ihm zuzuhören, ihm gegenüberzutreten und ihn vielleicht auch ein bisschen auf die Schippe zu nehmen. Sind Sie und Ihr Kritiker bereit dafür? Dann kann es losgehen.

❖ **Malen Sie Ihren Inneren Kritiker**

Nehmen Sie sich einige Stifte zur Hand und widmen Sie eine Seite Ihres Notizbuches dem Malen Ihres **Inneren Kritikers**. Lauschen Sie dafür einen Moment in sich hinein. Erinnern Sie sich an all die negativen Glaubenssätze und Gedanken, die in Ihnen sind und versuchen Sie sich vorzustellen, wie jemand aussehen würde, der all das zu Ihnen sagt. Malen oder Skizzieren Sie, was Ihnen in den Sinn kommt. Es geht nicht darum, ein Kunstwerk zu schaffen, sondern sich ein Bild zu machen von Ihrer kritischen inneren Stimme. Also zeichnen Sie einfach drauf los. Sie werden sehen, dass die Personifizierung Ihrer inneren kritischen Stimme Ihnen dabei helfen wird, eine Distanz herstellen zu können. Auf diese Weise kann es Ihnen zukünftig gelingen, das Aufkommen negativer Gedanken zu bemerken und dem **Inneren Kritiker** in Ihnen zuordnen zu können. Dann können Sie vielleicht einen solchen Gedanken anschließen: *„Ah, mein Kritiker gibt gerade wieder seinen Senf dazu, der grimmige Wicht."*

Sich vorzustellen, wie die Person hinter Ihrem negativen Gedankengut aussehen könnte, kann überaus erheiternd oder auch ernüchternd sein. Allein dadurch können negative Gedanken bereits an Macht und Schwere verlieren. Wie sieht Ihr **Innerer Kritiker** aus? Hier ein paar Ansätze, die Ihnen dabei helfen können, Ihren **Inneren Kritiker** zu charakterisieren:

- Ist er männlich oder weiblich?
- Welche Kleidung trägt er/ sie?
- Was für eine Körperhaltung hat er/ sie?
- Wie ist seine/ ihre Mimik?
- Gebärdet er/ sie sich?
- Erinnert er/ sie Sie an jemanden aus Ihrer Ver-

gangenheit?

- …

❖ **Brief an den Inneren Kritiker**

Mögliche Briefvorlage:

Hallo Innerer Kritiker,

ich schreibe dir heute einen Brief, weil es mir in unserem Kontakt oft nicht gut geht. Ich wollte dir schon lange sagen, dass…

Es macht mich wütend/ traurig, wenn du…

Ich weiß zu schätzen, dass du dir Sorgen machst, aber…

Ich wünsche mir, dass du in Zukunft etwas mehr darauf achtest, dass…

Vielen Dank für deine Mitarbeit und bis bald,

dein/e ….

Da Sie sich nun ein Bild von Ihrer inneren kritischen Stimme gemacht haben, können Sie einen

Schritt weitergehen. Stellen Sie sich vor, Sie haben die Möglichkeit zu einem Austausch mit Ihrem Inneren Kritiker. Stellen Sie sich vor, Sie schreiben der soeben skizzierten Person einen Brief. Stellen Sie sich dies nicht vor, tun Sie es. Wenn Ihnen das im ersten Moment befremdlich vorkommt, versuchen Sie sich z.B. anhand folgender Fragen hinein zu denken:

• Was möchten Sie Ihrem Inneren Kritiker sagen?

• Wie fühlen Sie sich, wenn er streng mit Ihnen umgeht?

• Was finden Sie besonders gemein von ihm?

• Was wünschen Sie sich von ihm?

• Wie kann Ihr Kontakt zu Ihrem Inneren Kritiker in Zukunft sein?

Versuchen Sie, sich alles von der Seele zu schreiben, was Sie dieser negativen Stimme in sich sagen wollen. Bedenken Sie aber: Wie auch bei einem Konfliktgespräch mit einer realen Person ist es hilfreich, auf folgende Dinge zu achten:

➢ **Bleiben Sie bei sich!**

Drücken Sie Ihre Gefühle/ Ihre Meinung/ Ihre Wünsche aus!

Besser: „Mich verletzt, wenn du sagst…" statt „Du

bist gemein."

➢ **Erkennen Sie die Leistung Ihres Inneren Kritikers an**!

Wir erinnern uns: Die innere kritische Stimme kommt aus Ihren Kindheitstagen und ist eine Art Verinnerlichung all der Werte, Forderungen und Wünsche Ihrer damaligen Bezugspersonen.

Ihr **Innerer Kritiker** hat sich diese ganz genau eingeprägt und möchte Sie daran erinnern, wenn Sie seiner Meinung nach Gefahr laufen, mit einer dieser verinnerlichten Verhaltensnormen in Konflikt zu geraten. Aus seiner kindlich-geprägten Perspektive bedeutet hier *Regelbruch = Liebesverlust.* Versuchen Sie, Verständnis für ihn zu haben und ihn für sein Engagement anzuerkennen. Sie können sein Bemühen einerseits wertschätzen, ihm jedoch andererseits signalisieren, dass sein Eingreifen Sie in der Gegenwart oft an Ihrem Glück hindert.

➢ **Setzen Sie Grenzen!**

Wenn Sie das Gefühl haben, es mit einem besonders uneinsichtigen Exemplar zu tun zu haben, kann es zunächst wichtig sein, Grenzen zu setzen. *„Halt, Stopp, so nicht. Ich möchte das so nicht mehr!"*

Es ist wichtig, sich klarzumachen, dass der **Innere**

Kritiker nur eindimensional argumentieren kann. Es gibt keine Abstufungen, sondern eher eine Art Kategorisierung von „richtig" oder „falsch", „gut" oder „schlecht". Das macht leider Sinn, weil Erziehung eben oft genau so funktioniert. „Gutes Verhalten" wird belohnt und „schlechtes Verhalten" wird bestraft, Graustufen sind dabei schwer zu definieren.

Ihrem **Inneren Kritiker** können und müssen Sie mit Ihrem heutigen Erwachsenen-Wissen aber eine Grenze vorsetzen, wenn er es zu bunt mit Ihnen treibt. Ist die Stimme in Ihrem Kopf zu laut und ungerecht, dürfen Sie also zunächst erst mal ganz deutlich klarmachen, was Sie als Kind gegenüber Ihren Bezugspersonen vermutlich nicht konnten, nämlich: *„Stopp! So redest du nicht mit mir!"*

❖ **Dialog mit dem Inneren Kritiker**

Grundsätzlich kann es sehr hilfreich sein, einen regelmäßigen Dialog mit Ihrem **Inneren Kritiker** zu pflegen. Sobald er sich in Form negativer Bemerkungen bzw. Bewertungen Ihrer Person/ Leistung/ Aussehen usw. bemerkbar macht, können Sie ihn ermahnen und ihn daran erinnern, dass Sie sich von ihm etwas Zurückhaltung wünschen. Sie können all die Dinge zu ihm sagen, die Sie ihm auch in Ihrem Brief schon mitgeteilt haben. Sie können lauschen, was er dann erwidert. Vermutlich wird er Ihren Worten zunächst keinen Glauben schenken wollen. Sie wissen ja, er möchte Sie in erster Linie davor beschützen, Fehler zu machen = Liebe zu verlieren.

Je öfter Sie sich ihm jedoch zuwenden, ihn begrenzen, ihn gleichzeitig anerkennen und ihm Ihre Sichtweise mitteilen, desto mehr wird es ihm vielleicht gelingen, einzusehen, dass Sie erwachsen sind und die Welt nicht sofort untergeht, sobald er sich nicht durchsetzt.

<u>Vielleicht hilft Ihnen folgendes Bild:</u>

Vergleichen Sie die Beziehung zu Ihrem Inneren Kritiker mit dem Kontakt zu einem unliebsamen Verwandten oder Bekannten. Vielleicht kennen Sie auch jemanden, mit dem Sie regelmäßig konfrontiert sind und bei dem Sie spüren, dass Ihnen seine Art nicht guttut. Vielleicht können Sie sehen, dass es eine Person ist, die vom Leben verhärtet wurde und deshalb ungerecht und garstig wurde. Vielleicht gelingt es Ihnen, dafür Verständnis aufzubringen.

Vielleicht können Sie sich dieser Person zuwenden, ohne Ihre Bemerkungen persönlich zu nehmen. Vielleicht können Sie in manchen Momenten auch signalisieren „Nein, das möchte ich nicht. Das überschreitet meine Grenze."

Versuchen Sie den Kontakt zu Ihrem **Inneren Kritiker** ähnlich auszugestalten und zu pflegen. Nicht unbedingt mit dem Ziel einer Freundschaft, sondern eines ertragbaren Kontaktes.

Manchmal kann es in diesem Zusammenhang helfen, einfach auf Durchzug zu stellen – ähnlich wie bei einem unliebsamen Verwandten.

Einen auflockernden Effekt kann es auch haben, wenn Sie Ihren **Inneren Kritiker** ein wenig veralbern, indem Sie seine Worte in übertriebener Weise wiederholen oder eine passende Gestik/ Mimik entwickeln. Dies sind Techniken, um den inneren kritischen Urteilen ein wenig ihre Macht zu nehmen. Vielleicht fällt Ihnen noch etwas anderes ein. Ihrer Fantasie sind bei der Ausgestaltung Ihres inneren Dialoges keine Grenzen gesetzt. Hauptsache, Sie finden einen Weg, um das innere Gemecker nicht zu ernst zu nehmen.

Dies kann ein mühsamer Prozess sein, der Sie mal

an Grenzen, mal zum Lachen bringen wird. Fakt ist: Es lohnt sich!

SEELISCHES GLEICHGEWICHT HERSTELLEN – STRESSKOMPETENZEN OPTIMIEREN

Wie Sie bereits erfahren haben oder ohnehin schon wussten, sind wir Menschen besonders in stressigen Zeiten oder belastenden Lebensphasen anfällig für ein negatives Gedankenkarussell. Auch wenn Sie sich über Ihre inneren Strukturen und Mechanismen bewusst sind und bereits einiges für sich erarbeitet haben, kann es Ihnen passieren, dass Sie wieder in alte Muster zurückfallen.

Kennen Sie das? In Zeiten, in denen Sie sich mit einer akuten Belastung auseinandersetzen müssen, von einem Termin zum nächsten jagen oder aus anderen Gründen stark gefordert sind, fällt es ungemein schwerer, eine positive Perspektive einzunehmen. Leichter gelingt dies in entspannten Zeiten, in denen Sie erholt sind und sich zufrieden fühlen. Bestimmt können auch Sie sich an solche Phasen in Ihrem Leben erinnern.

Im Sinne eines achtsamen Umgangs mit sich selbst macht es deshalb Sinn, regelmäßig den Status Ihres seelischen Gleichgewichts zu überprüfen bzw. dafür zu sorgen, dass es bestehen bleibt. Dabei können Ihnen folgende Ansätze helfen:

❖ **Stichwort Work-Life-Balance:**

Wie steht es um Ihre persönliche Work-Life-Balance? Besteht Ihr Leben zum Großteil aus To-do-Listen?

Haben Sie manchmal das Gefühl, in Ihrer Arbeit unterzugehen? Macht Ihnen Ihre Arbeit Freude?

Haben Sie neben der Arbeit ausreichend Zeit und Energie für sich selbst/ für andere Menschen/ für schöne Unternehmungen?

Überprüfen Sie ihr Verhältnis von Arbeits- und Privatleben. Sind Sie zufrieden mit Ihrer Ausgestaltung? Können Sie an irgendeiner Stelle etwas verändern?

❖ **Stichwort akute Belastungen:**

Sind oder waren Sie in den letzten Wochen besonderen Belastungen ausgesetzt (Trennung, Todesfall, Kündigung, längere Krankheit etc.)? Haben Sie sich den Raum zugestanden, diese Belastungen verarbeiten zu können? Oder haben Sie damit verbundene Gefühle unterdrückt und zur Seite geschoben, um weiter funktionieren zu können?

Das ist menschlich. Wir Menschen neigen dazu, schnell wieder zum Status quo zurückkehren zu wollen. Dennoch sollten Sie sich bei größeren Belastungen eine Art Auszeit eingestehen. Diese ist notwendig, um eine persönliche Veränderung jeglicher Art integrieren zu können. Wenn Sie sich diesen Raum zur Verarbeitung nicht eingestehen, verfestigt sich die Belastung als chronischer Zustand. Dieser blockiert dann dauerhaft ihr seelisches Gleichgewicht.

Schauen Sie individuell, wie Sie sich eine Auszeit einrichten können. Vielleicht können Sie sich ein paar Tage Urlaub nehmen, vielleicht können andere Personen Sie für eine Zeit lang entlasten etc. In Zeiten starker Belastung ist es essenziell wichtig, so verständnisvoll und behutsam wie möglich mit sich selbst umzugehen.

❖ **Stichwort Stresskompetenz:**

Unabhängig davon, wie viel „Workload" Sie ausgesetzt sind oder ob Sie sich gerade in der Bewältigung einer Krise befinden: Stressige Zeiten und

Krisen gehören zu unser aller Leben dazu.

Vielleicht haben Sie schon mal gehört und wahrgenommen, dass Menschen unterschiedlich mit Stress und Belastungen umgehen.

Wie ist das bei Ihnen? Können Sie gut mit Stress umgehen? Fällt es Ihnen leicht, auch bei einem überquellenden Terminkalender entspannt zu bleiben? Oder werden Sie spürbar ungeduldig und gereizt, sobald Sie mit Ihren Kapazitäten an Grenzen kommen?

Wenn Sie dazu neigen, sich bei Stress und Belastungen schnell überlastet zu fühlen, werden Sie merken, dass auch Ihr negatives Gedankenkarussell wieder ordentlich Fahrt aufnimmt. Es gibt aber eine gute Nachricht für Sie:

Ihre Stresskompetenzen – also die Fähigkeit, wie Sie auf Stress reagieren und mit diesem umgehen – können Sie erweitern und optimieren.

Zum einen kann es hilfreich sein, die dargestellten Ansätze und Fragen zu Ihrer aktuellen Lebenssituation regelmäßig für sich zu überprüfen und zu schauen, ob Sie gegebenenfalls kleine Aspekte verändern können. Zum anderen ist hilfreich, wenn Sie nicht nur für ein gesundes Gleichgewicht zwischen

Arbeit und Freizeit sorgen bzw. sich Raum zur Verarbeitung persönlicher Belastungen eingestehen, sondern darüber hinaus eine klare Vorstellung davon haben, was Ihnen guttut.

Erstellen Sie in diesem Zusammenhang eine Liste in Ihren Notizen, die Sie mit der Überschrift *„**Was mir gut tut…**"* versehen. Sammeln Sie hier alles, was Sie gerne machen, woraus Sie Kraft schöpfen, wobei Sie die Welt um sich vergessen können, …

Was mir gut tut:

- *Spazierengehen*
- *Pfefferminztee trinken*
- *Sport machen*
- *Kochen/ Backen*
- *Kürbissuppe kochen und essen*
- *Baden*
- *Mit dem Kind basteln*
- *Ins Kino gehen*
- *Stricken/ Handwerkern*
- *Städtetrip unternehmen*
- *Schreiben*
- *Schlafen*
- *Musik hören*

- *Wellness: Maniküre, Massage etc.*
- *Gitarre spielen*
- *...*

Sie können diese Liste laufend ergänzend.

Die Liste können Sie sich nun vornehmen, wenn mal wieder alles drunter und drüber geht. Lassen Sie sich inspirieren, was Sie sich in Kürze als Ausgleich gönnen werden. Und tun Sie dies dann auch unmittelbar.

Sie können sich auch angewöhnen, sich grundsätzlich täglich zu fragen, auf was Sie eigentlich mal wieder Lust haben bzw. was Ihnen heute guttun würde. Auf diese Weise können Sie es schaffen, ein dauerhaftes innerseelisches Gleichgewicht zu schaffen. Dies wiederum wird sich darauf auswirken, dass Ihr negatives Gedankenkarussell immer seltener aktiviert wird.

Grundsätzlich macht es auch Sinn, eine **Entspannungstechnik** zu erlernen, die Sie dann regelmäßig in Ihrem Alltag anwenden können.

Ob Yoga, Meditation, Progressive Muskelentspannung oder Autogenes Training:

Es gibt eine Vielzahl von Entspannungsmethoden und -verfahren, die nachgewiesenermaßen

Einfluss auf unsere Wahrnehmung haben und es Ihnen langfristig leichter machen können, mit Stress umzugehen. Wenden Sie sich in diesem Zusammenhang an Ihre Krankenkasse oder Ihren Hausarzt. Es gibt mittlerweile vielfältige Kurse und Angebote, die vor dem Hintergrund der Gesundheitsprävention bezuschusst oder voll finanziert werden. Auch im Internet finden Sie mittlerweile ausreichend Anregungen und Anleitungen (z.B. für Mediation oder Yoga).

Bei akuten oder langanhaltenden Belastungssituationen scheuen Sie sich bitte nicht, professionelle Hilfe anzunehmen. Wenn Sie das Gefühl haben, den Belastungsknoten allein und im Rahmen der Selbsthilfe nicht lösen zu können, kann eine fachliche Außenperspektive überaus hilfreich sein. Bereits wenige Gespräche mit einer ausgebildeten Fachkraft können die Situation in einem anderen Licht erscheinen lassen.

Auch in Ihrer Nähe gibt es Coaches, Beratungsstellen oder Psychologen. Wenden Sie sich in diesem Fall an einen Arzt Ihres Vertrauens, er wird Sie bei der Orientierung unterstützen können.

SICH SELBST ZU EINEM GUTEN FREUND MACHEN

Der letzte Schritt, mit dem Sie das Grübelkarussell endgültig hinter sich lassen können, ist in gewisser Weise die Bündelung aller bisherigen Schritte und Ansätze. Auf den Punkt gebracht:

Versuchen sie jeden Tag, sich selbst ein guter Freund zu sein!

Behandeln Sie sich so, wie Sie auch einen guten Freund behandeln würden. Assoziieren Sie in Ihrem Alltag immer wieder, wie Sie reagieren würden, wenn Sie es, statt mit sich selbst, mit einem Ihrer Freunde zu tun hätten. Versetzen Sie sich hinein, wie Sie mit Ihren Freunden oder Ihrem Partner umgehen. Alternativ können Sie sich auch erinnern, was Ihr Partner oder Ihre beste Freundin jetzt zu Ihnen sagen würde. Oder Sie visualisieren, wie Sie von Ihrem Partner oder einem Freund behandelt werden möchten.

• Gewöhnen Sie sich einen liebevollen Dialog mit sich selbst an.

• Lassen Sie sich nicht von Ihrem Inneren Kritiker einschüchtern.

- Vergegenwärtigen Sie sich Ihre Stärken und sprechen Sie sich Mut zu.
- Achten Sie auf sich, tun Sie sich etwas Gutes.
- Schenken Sie sich selbst etwas (z.B. einen Strauß Blumen).
- Lächeln Sie ruhig, weil Sie so etwas für sich tun.
- Machen Sie sich klar, wie viele schöne Aspekte es in Ihrem Leben gibt.
- Fragen Sie sich, was Sie mal wieder unternehmen wollen und tun Sie das dann auch.
- Gehen Sie milde und verständnisvoll mit sich um.
- Haben Sie Geduld mit sich.

Sie wissen schon: Tun Sie all das, was ein guter Freund auch tun würde. Denn mit einem guten Freund an Ihrer Seite haben Sie den besten Schutz gegen ein negatives Gedankenkarussell. ✿

Herstellung und Verlag:
BoD – Books on Demand, Norderstedt
ISBN: 9783752668933

© Amelie Ruhe 2020
1. Auflage
Kontakt: Psiana eCom UG/ Berumer Str. 44/ 26844 Jemgum
Covergestaltung: Fenna Larsson
Coverfoto: depositphotos.com